3-bande carambole: Omkring verden mønstre

Fra professionelle mesterskabsturneringer

Test dig selv mod professionelle spillere

Allan P. Sand
PBIA Certificeret billard instruktør

ISBN 978-1-62505-251-3
PRINT 7x10

ISBN 978-1-62505-394-7
PRINT 8.5x11

First edition

Copyright © 2019 Allan P. Sand

All rights reserved under International and Pan-American Copyright Conventions.

Published by Billiard Gods Productions.
Santa Clara, CA 95051
U.S.A.

For the latest information about books and videos, go to: http://www.billiardgods.com

Acknowledgements

Wei Chao created the software that was used to create these graphics.

Indholdsfortegnelse

Introduktion **1**
Om bordlayouterne 1
Indstillinger for tabelopsætning 2
Formål med layouterne 2
A: Kort ben (lang bande) **3**
A: Gruppe 1 3
A: Gruppe 2 8
A: Gruppe 3 13
A: Gruppe 4 18
A: Gruppe 5 23
A: Gruppe 6 28
A: Gruppe 7 33
B: Omvendte stier **38**
B: Gruppe 1 38
B: Gruppe 2 43
B: Gruppe 3 48
B: Gruppe 4 53
C: Udvidet ben **58**
C: Gruppe 1 58
C: Gruppe 2 63
C: Gruppe 3 68
D: Stor bold i hjemmet hjørne **73**
D: Gruppe 1 73
D: Gruppe 2 78
D: Gruppe 3 83
D: Gruppe 4 88
D: Gruppe 5 93
D: Gruppe 6 98
D: Gruppe 7 103
D: Gruppe 8 108
D: Gruppe 9 113
E: Følg ind i hjørnet **118**
E: Gruppe 1 118
E: Gruppe 2 123
E: Gruppe 3 128
F: Kort modificeret **133**
F: Gruppe 1 133
F: Gruppe 2 138

Other books by the author ...

    3 Cushion Billiards Championship Shots (a series)

    Carom Billiards: Some Riddles & Puzzles

    Carom Billiards: MORE Riddles & Puzzles

    Why Pool Hustlers Win

    Table Map Library

    Safety Toolbox

    Cue Ball Control Cheat Sheets

    Advanced Cue Ball Control Self-Testing Program

    Drills & Exercises for Pool & Pocket Billiards

    The Art of War versus The Art of Pool

    The Psychology of Losing – Tricks, Traps & Sharks

    The Art of Team Coaching

    The Art of Personal Competition

    The Art of Politics & Campaigning

    The Art of Marketing & Promotion

    Kitchen God's Guide for Single Guys

Introduktion

Dette er en af en række 3-bande carambola bøger, der viser, hvordan professionelle spillere træffer beslutninger, baseret på bordlayoutet. Alle disse layouts er fra internationale konkurrencer.

Disse layouts sætter dig inde i afspillerens hoved, begyndende med boldens positioner (vist i den første tabel). Den anden tabel layout viser, hvad spilleren besluttede at gøre.

Om bordlayouterne

Hver konfiguration har to tabellayouter. Den første tabel er boldpositionerne. Den anden tabel er, hvordan boldene bevæger sig på bordet.

Dette er de tre bolde på bordet:

Ⓐ (CB) (din billardkugle)

⊙ (OB) (modstander billardkugle)

● (OB) (rød billardkugle)

Indstillinger for tabelopsætning

Brug papirbindingsringe til at markere boldpositionerne (køb hos enhver kontorforretning).

Placer en mønt på hver bande, at (CB) vil røre ved.

Sammenlign din (CB) -sti med den anden tabelkonfiguration. For at lære, kan du have brug for flere forsøg. Efter hvert svigt skal du foretage justering og prøve igen, indtil du har succes.

Formål med layouterne

Disse layouter leveres til to formal:

- Din analyse - I hjemmet kan du overveje, hvordan du spiller konfigurationen på den første tabel. Sammenlign dine ideer til det faktiske mønster på den anden bord. Tænk på din løsning, og overvej muligheder. Fra den anden tabel kan du også analysere, hvordan man følger mønsteret. Mentalt spiller skuddet og bestemmer, hvordan du kan lykkes.

- Øv bordkonfigurationen - Placer bolderne på plads i henhold til den første tabelkonfiguration. Prøv at skyde på samme måde som det andet bordmønster. Du kan have brug for mange forsøg, før du finder den rigtige måde at spille på. Sådan kan du lære og spille disse skud under konkurrencer og turneringer.

Kombinationen af mental analyse og praktisk praksis vil gøre dig til en smartere spiller.

A: Kort ben (lang bande)

På denne serie af boldkonfigurationer kontakter (CB) første (OB), som er meget tæt på den lange bande. Den (CB) går derefter ind i standarden omkring verdensmønsteret.

Ⓐ (CB) (din billardkugle) – ◉ (OB) (modstander billardkugle) – ● (OB) (rød billardkugle)

A: Gruppe 1

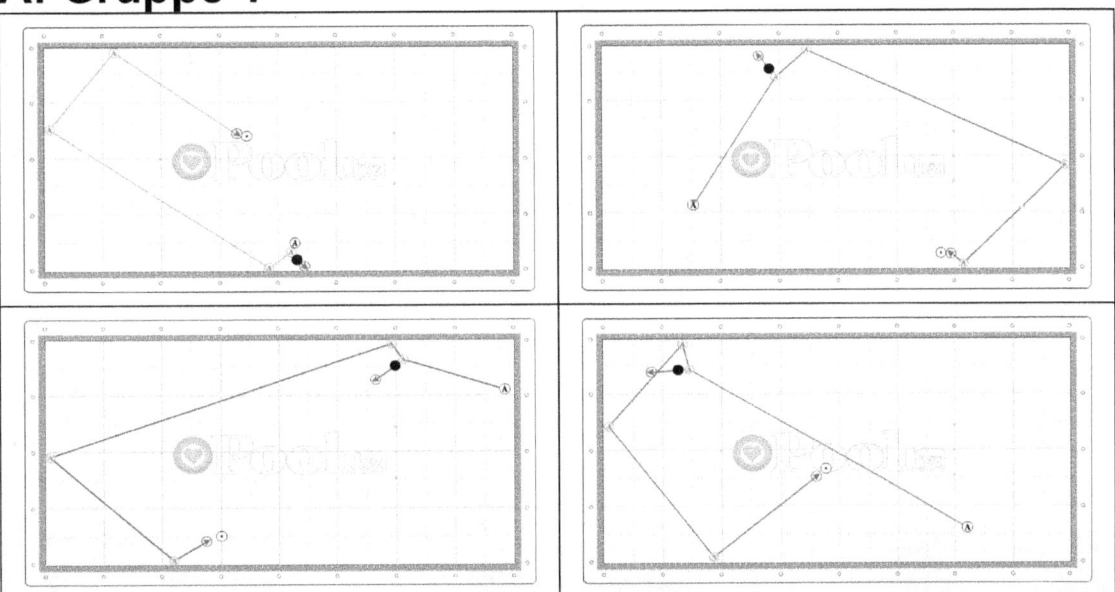

Analyse:

A:1a. _____

A:1b. _____

A:1c. _____

A:1d. _____

A:1a – Setup

Noter og ideer:

Afspilning mønster

A:1b – Setup

Noter og ideer:

Afspilning mønster

A:1c – Setup

Noter og ideer:

Afspilning mønster

A:1d – Setup

Noter og ideer:

Afspilning mønster

A: Gruppe 2

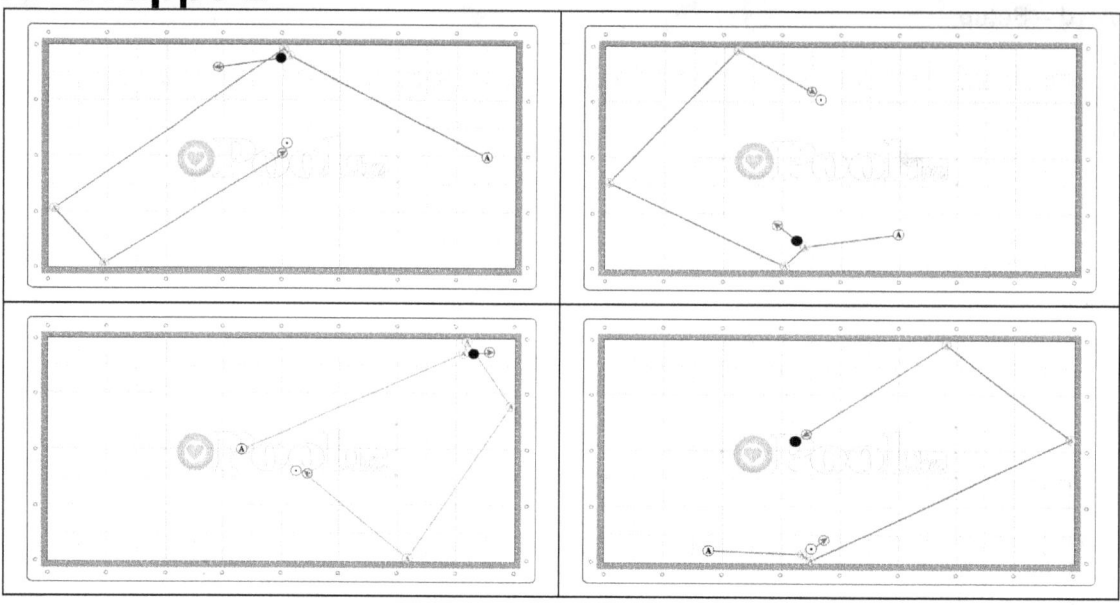

Analyse:

A:2a. _____

A:2b. _____

A:2c. _____

A:2d. _____

A:2a – Setup

Noter og ideer:

Afspilning mønster

A:2b – Setup

Noter og ideer:

Afspilning mønster

A:2c – Setup

Noter og ideer:

Afspilning mønster

A:2d – Setup

Noter og ideer:

Afspilning mønster

A: Gruppe 3

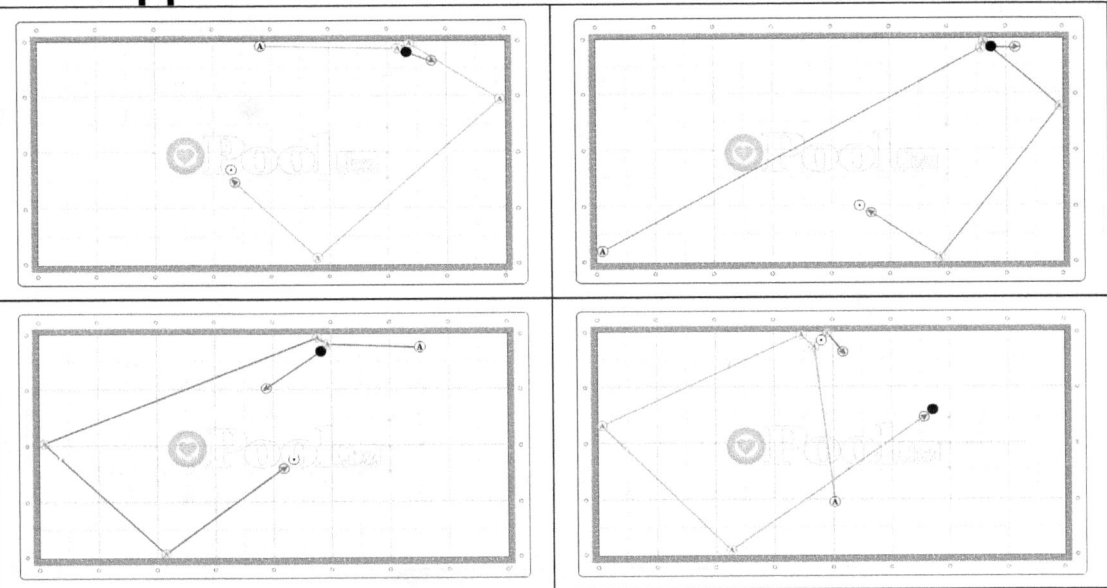

Analyse:

A:3a. _____

A:3b. _____

A:3c. _____

A:3d. _____

A:3a – Setup

Noter og ideer:

Afspilning mønster

A:3b – Setup

Noter og ideer:

Afspilning mønster

A:3c – Setup

Noter og ideer:

Afspilning mønster

A:3d – Setup

Noter og ideer:

Afspilning mønster

A: Gruppe 4

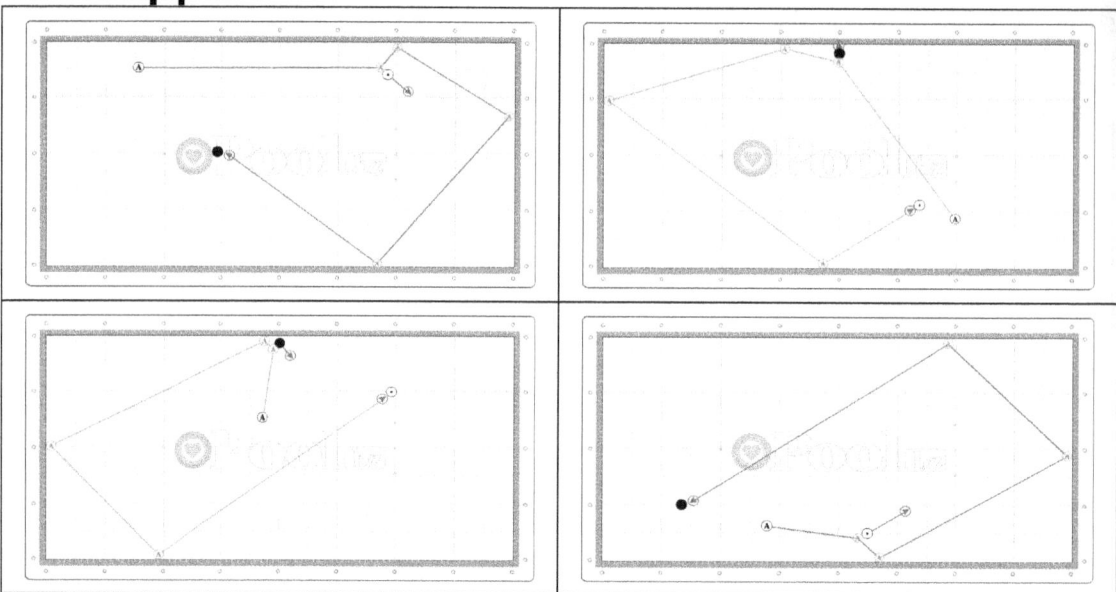

Analyse:

A:4a. _____

A:4b. _____

A:4c. _____

A:4d. _____

A:4a – Setup

Noter og ideer:

Afspilning mønster

A:4b – Setup

Noter og ideer:

Afspilning mønster

A:4c – Setup

Noter og ideer:

Afspilning mønster

A:4d – Setup

Noter og ideer:

Afspilning mønster

A: Gruppe 5

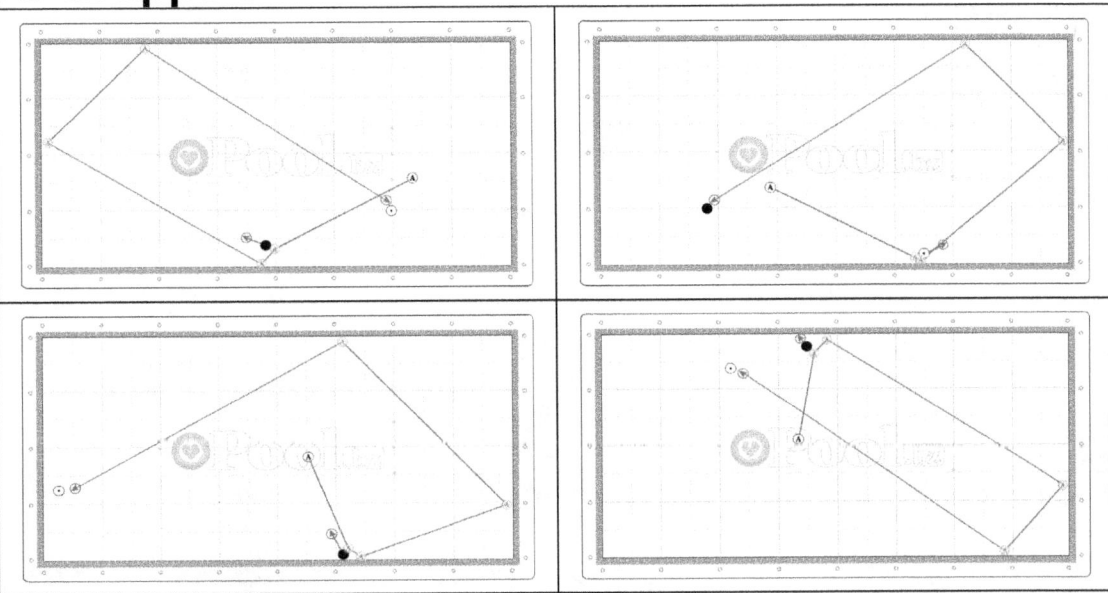

Analyse:

A:5a. _____

A:5b. _____

A:5c. _____

A:5d. _____

A:5a – Setup

Noter og ideer:

Afspilning mønster

A:5b – Setup

Noter og ideer:

Afspilning mønster

A:5c – Setup

Noter og ideer:

Afspilning mønster

A:5d – Setup

Noter og ideer:

Afspilning mønster

A: Gruppe 6

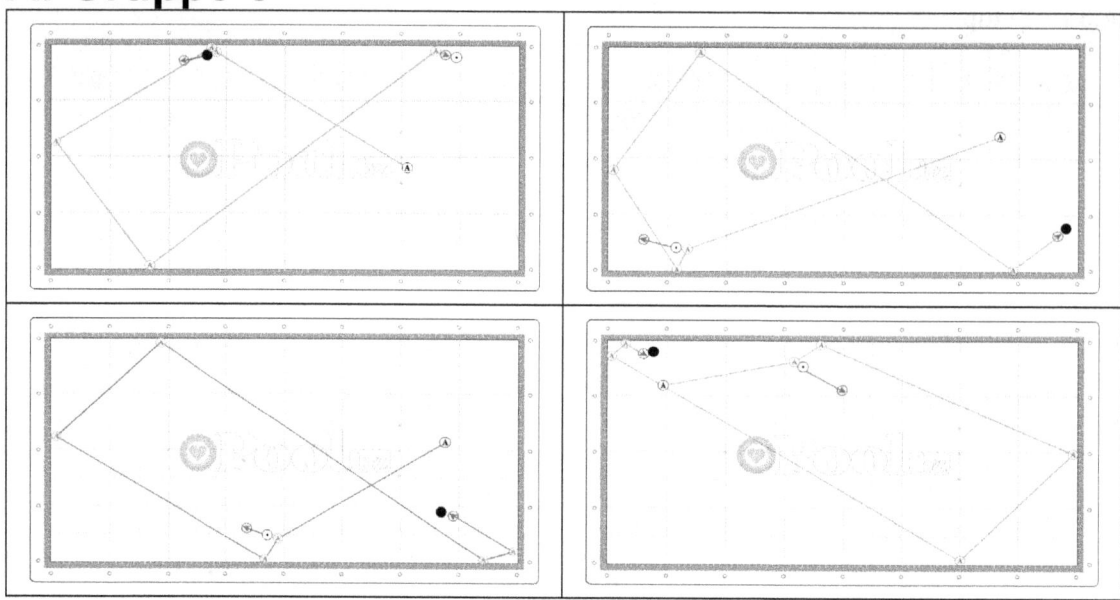

Analyse:

A:6a. _____

A:6b. _____

A:6c. _____

A:6d. _____

A:6a – Setup

Noter og ideer:

Afspilning mønster

A:6b – Setup

Noter og ideer:

Afspilning mønster

A:6c – Setup

Noter og ideer:

Afspilning mønster

A:6d – Setup

Noter og ideer:

Afspilning mønster

A: Gruppe 7

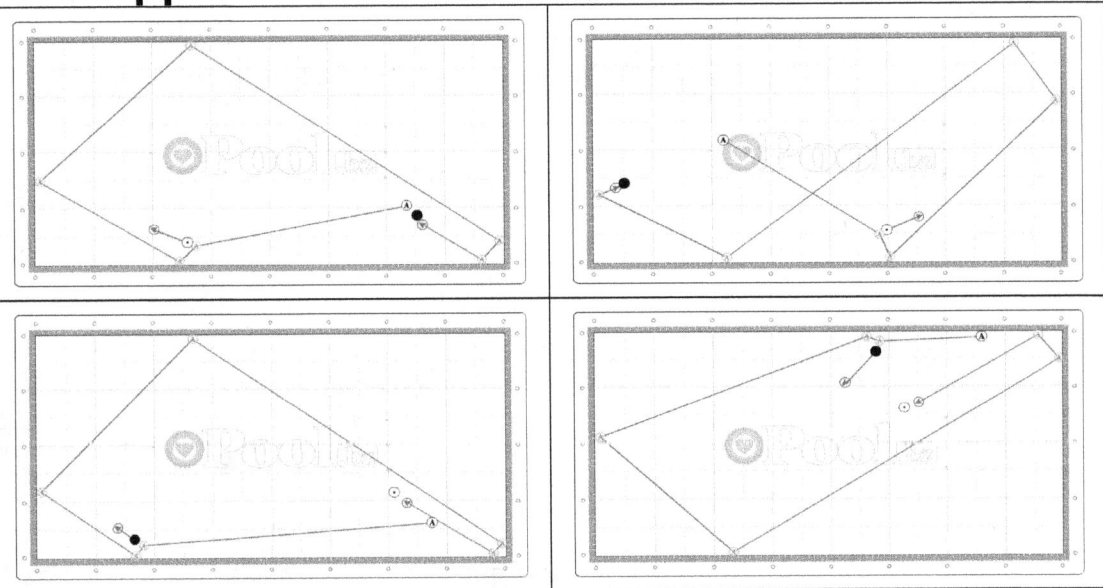

Analyse:

A:7a. _____

A:7b. _____

A:7c. _____

A:7d. _____

A:7a – Setup

Noter og ideer:

Afspilning mønster

A:7b – Setup

Noter og ideer:

Afspilning mønster

A:7c – Setup

Noter og ideer:

Afspilning mønster

A:7d – Setup

Noter og ideer:

Afspilning mønster

B: Omvendte stier

På dette sæt af layouter går (CB) ind i det første (OB) med nogle anvendte tegninger og sidespind. Dette sender (CB) tilbage fra tangentlinjen i et omvendt mønster. Den (CB) følger standarden rundt om verden mønster mod hjemmet hjørne.

Ⓐ (CB) (din billardkugle) – ⊙ (OB) (modstander billardkugle) – ● (OB) (rød billardkugle)

B: Gruppe 1

Analyse:

B:1a. _____

B:1b. _____

B:1c. _____

B:1d. _____

B:1a – Setup

Noter og ideer:

Afspilning mønster

B:1b – Setup

Noter og ideer:

Afspilning mønster

B:1c – Setup

Noter og ideer:

Afspilning mønster

B:1d – Setup

Noter og ideer:

Afspilning mønster

B: Gruppe 2

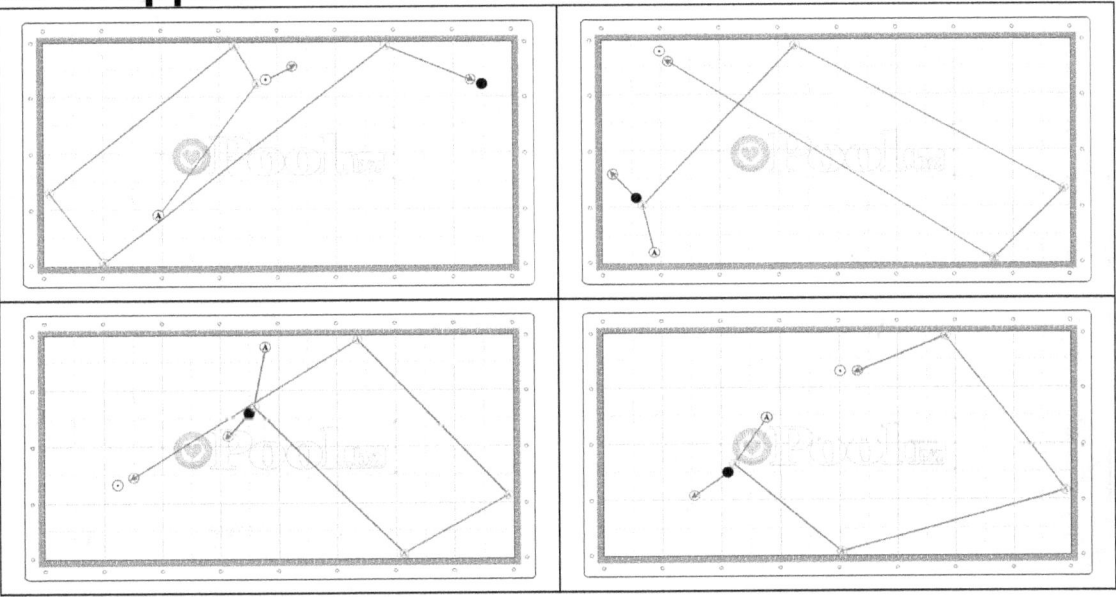

Analyse:

B:2a. _____

B:2b. _____

B:2c. _____

B:2d. _____

B:2a – Setup

Noter og ideer:

Afspilning mønster

B:2b – Setup

Noter og ideer:

Afspilning mønster

B:2c – Setup

Noter og ideer:

Afspilning mønster

B:2d – Setup

Noter og ideer:

Afspilning mønster

B: Gruppe 3

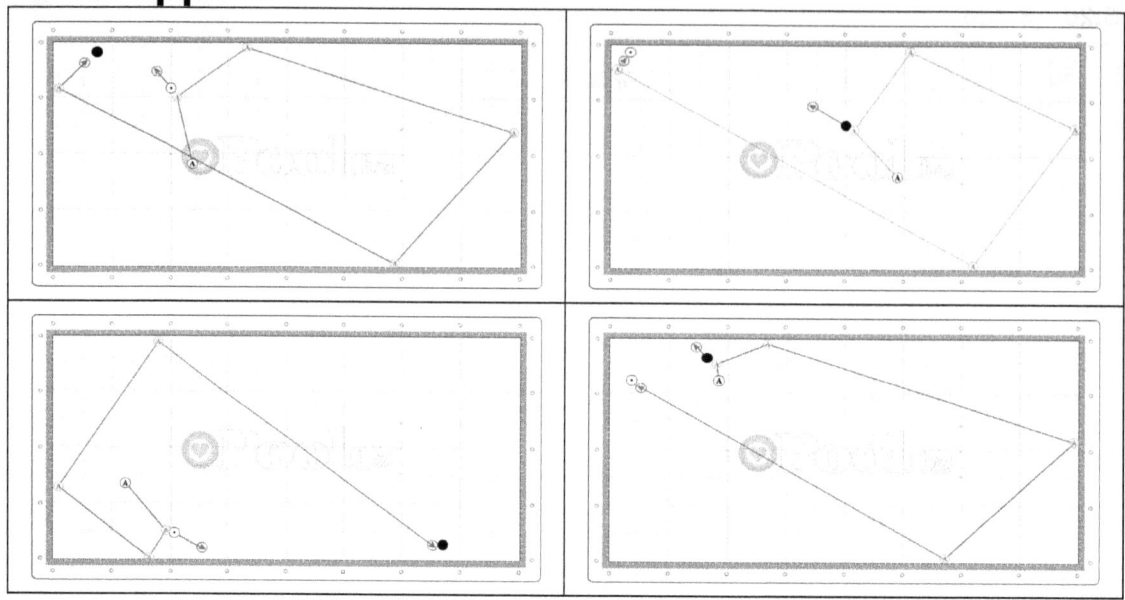

Analyse:

B:3a. _____

B:3b. _____

B:3c. _____

B:3d. _____

B:3a – Setup

Noter og ideer:

Afspilning mønster

B:3b – Setup

Noter og ideer:

Afspilning mønster

B:3c – Setup

Noter og ideer:

Afspilning mønster

B:3d – Setup

Noter og ideer:

Afspilning mønster

B: Gruppe 4

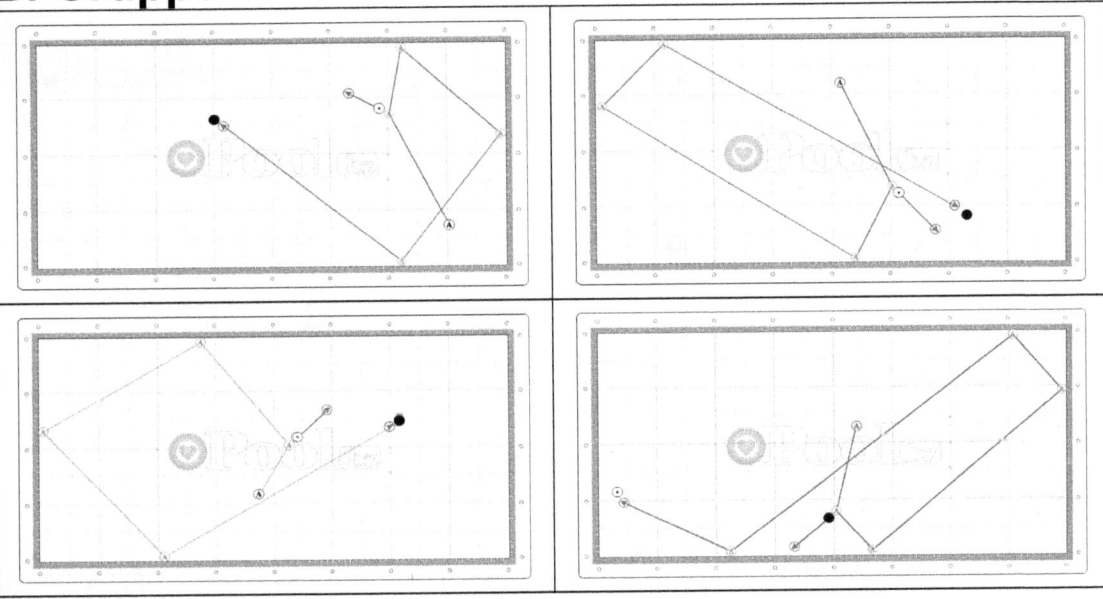

Analyse:

B:4a. _____

B:4b. _____

B:4c. _____

B:4d. _____

B:4a – Setup

Noter og ideer:

Afspilning mønster

B:4b – Setup

Noter og ideer:

Afspilning mønster

B:4c – Setup

Noter og ideer:

Afspilning mønster

B:4d – Setup

Noter og ideer:

Afspilning mønster

C: Udvidet ben

I disse situationer kontakter (CB) det første (OB) og starter standarden omkring verdensmønsteret. Den (CB) går ind i hjemmet hjørne. Så kommer der to bander ud af starthjørnet og kontakter den anden (OB).

Ⓐ (CB) (din billardkugle) – ⊙ (OB) (modstander billardkugle) – ● (OB) (rød billardkugle)

C: Gruppe 1

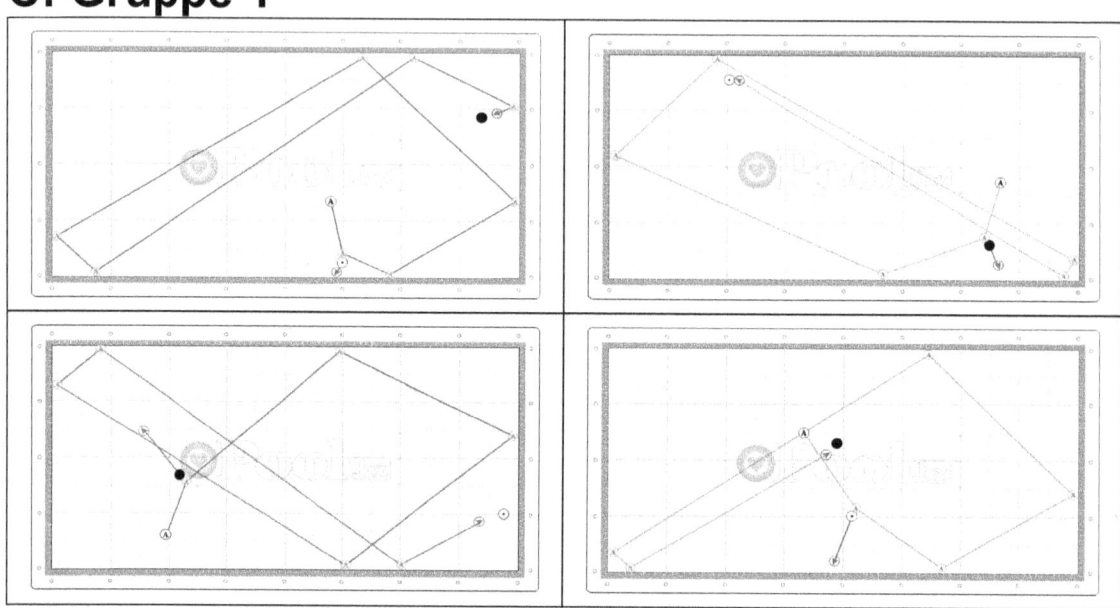

Analyse:

C:1a. _____

C:1b. _____

C:1c. _____

C:1d. _____

C:1a – Setup

Noter og ideer:

Afspilning mønster

C:1b – Setup

Noter og ideer:

Afspilning mønster

C:1c – Setup

Noter og ideer:

Afspilning mønster

C:1d – Setup

Noter og ideer:

Afspilning mønster

C: Gruppe 2

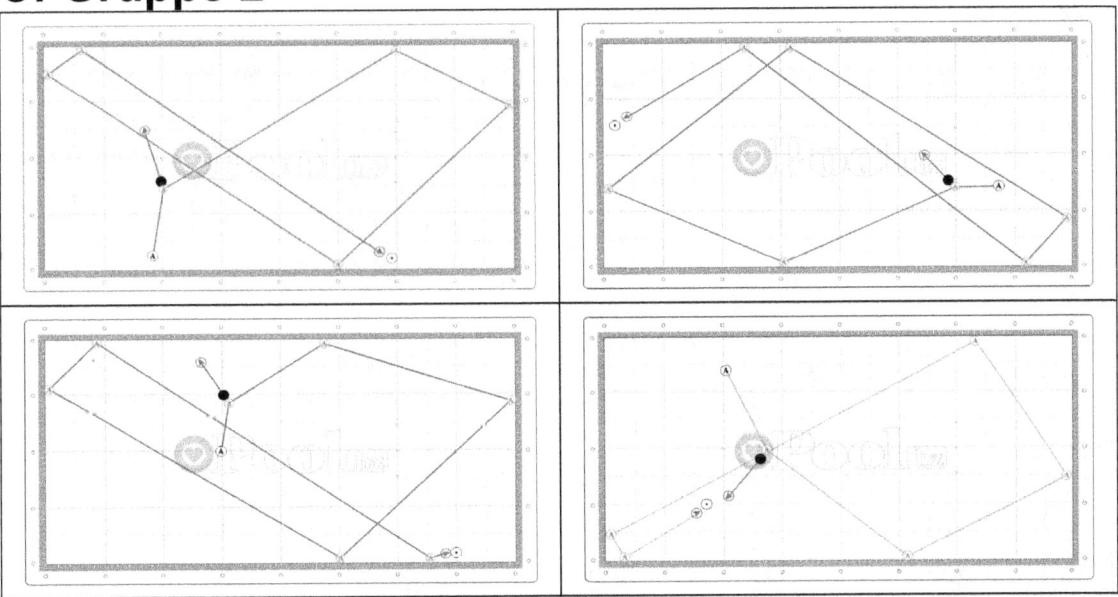

Analyse:

C:2a. _____

C:2b. _____

C:2c. _____

C:2d. _____

C:2a – Setup

Noter og ideer:

Afspilning mønster

C:2b – Setup

Noter og ideer:

Afspilning mønster

C:2c – Setup

Noter og ideer:

Afspilning mønster

C:2d – Setup

Noter og ideer:

Afspilning mønster

C: Gruppe 3

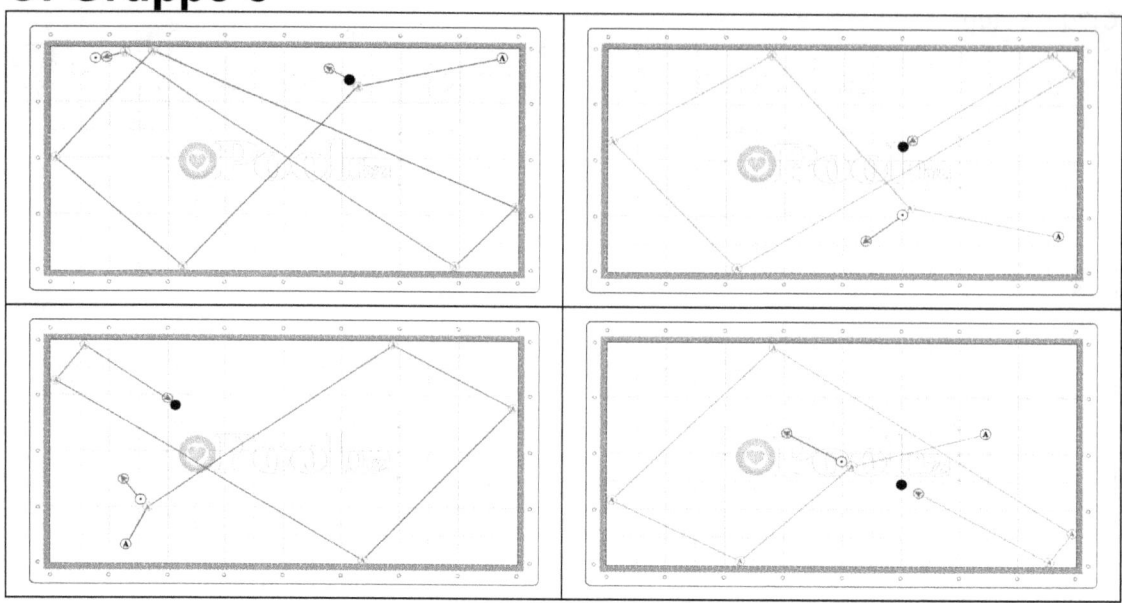

Analyse:

C:3a. _____

C:3b. _____

C:3c. _____

C:3d. _____

C:3a – Setup

Noter og ideer:

Afspilning mønster

C:3b – Setup

Noter og ideer:

Afspilning mønster

C:3c – Setup

Noter og ideer:

Afspilning mønster

C:3d – Setup

Noter og ideer:

Afspilning mønster

D: Stor bold i hjemmet hjørne

Den (CB) kommer ud af den første (OB) og følger grunden omkring verdensmønsteret. Fordi det andet (OB) er i hjørnet er mål (OB) større.

Ⓐ (CB) (din billardkugle) – ⊙ (OB) (modstander billardkugle) – ● (OB) (rød billardkugle)

D: Gruppe 1

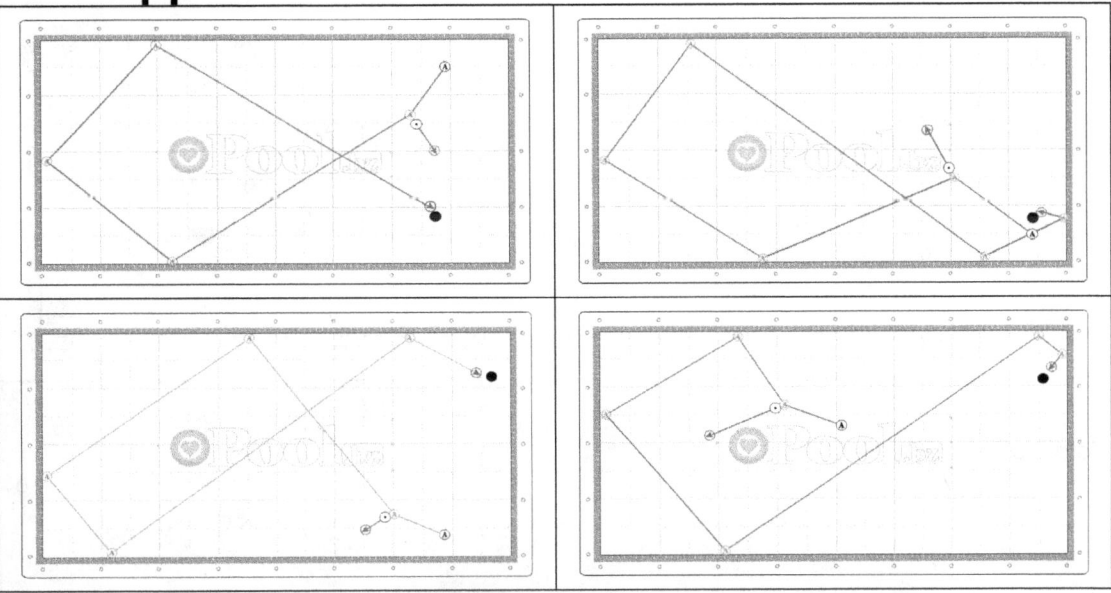

Analyse:

D:1a. _____

D:1b. _____

D:1c. _____

D:1d. _____

D:1a – Setup

Noter og ideer:

Afspilning mønster

D:1b – Setup

Noter og ideer:

Afspilning mønster

D:1c – Setup

Noter og ideer:

Afspilning mønster

D:1d – Setup

Noter og ideer:

Afspilning mønster

D: Gruppe 2

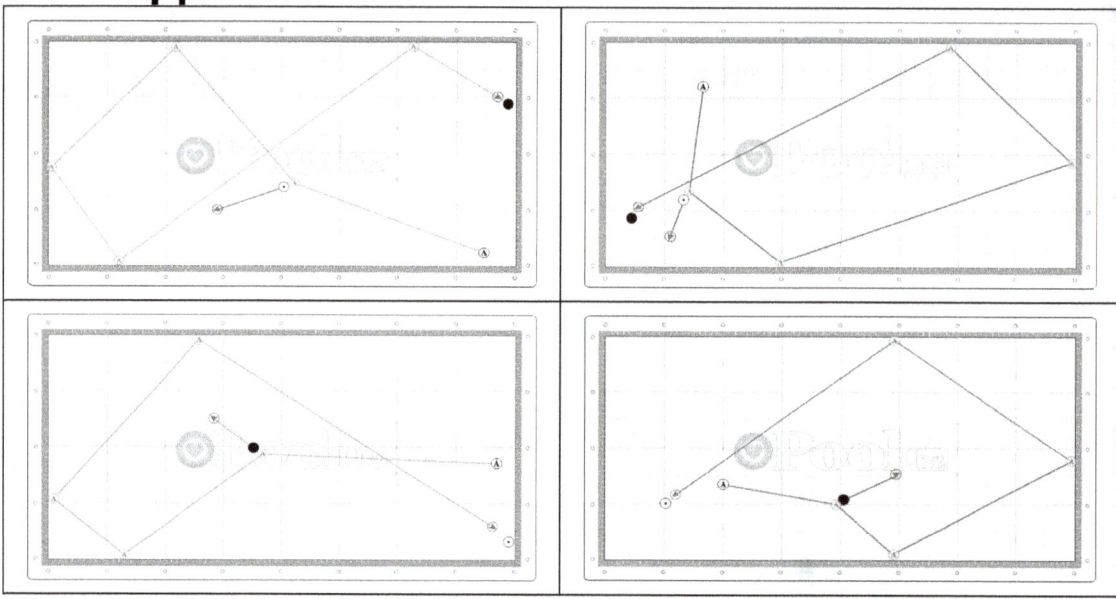

Analyse:

D:2a. _____

D:2b. _____

D:2c. _____

D:2d. _____

D:2a – Setup

Noter og ideer:

Afspilning mønster

D:2b – Setup

Noter og ideer:

Afspilning mønster

D:2c – Setup

Noter og ideer:

Afspilning mønster

D:2d – Setup

Noter og ideer:

Afspilning mønster

D: Gruppe 3

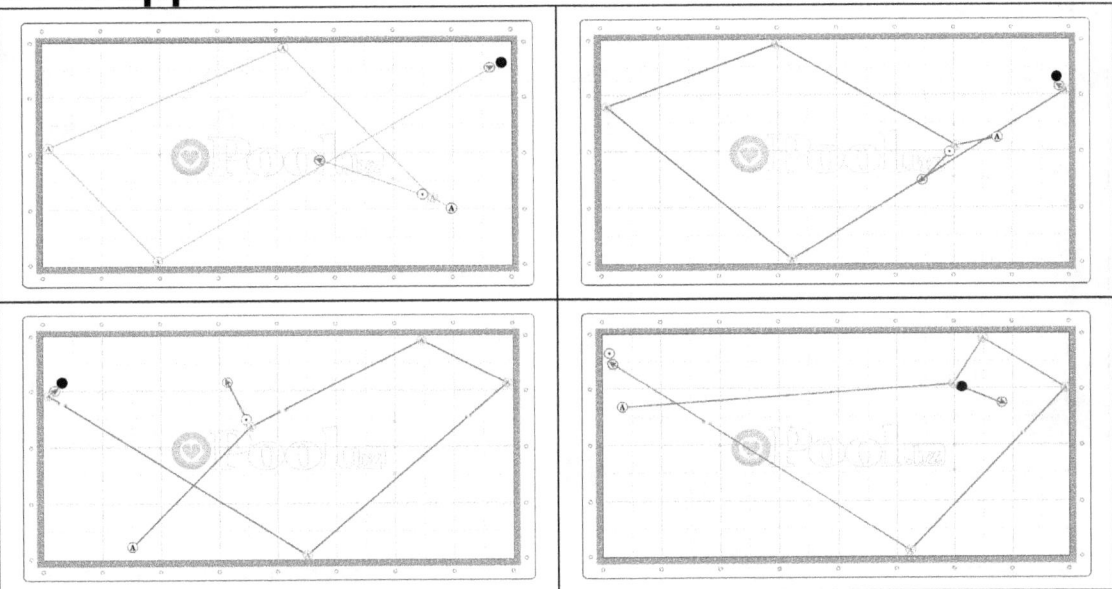

Analyse:

D:3a. _____

D:3b. _____

D:3c. _____

D:3d. _____

D:3a – Setup

Noter og ideer:

Afspilning mønster

D:3b – Setup

Noter og ideer:

Afspilning mønster

D:3c – Setup

Noter og ideer:

Afspilning mønster

D:3d – Setup

Noter og ideer:

Afspilning mønster

D: Gruppe 4

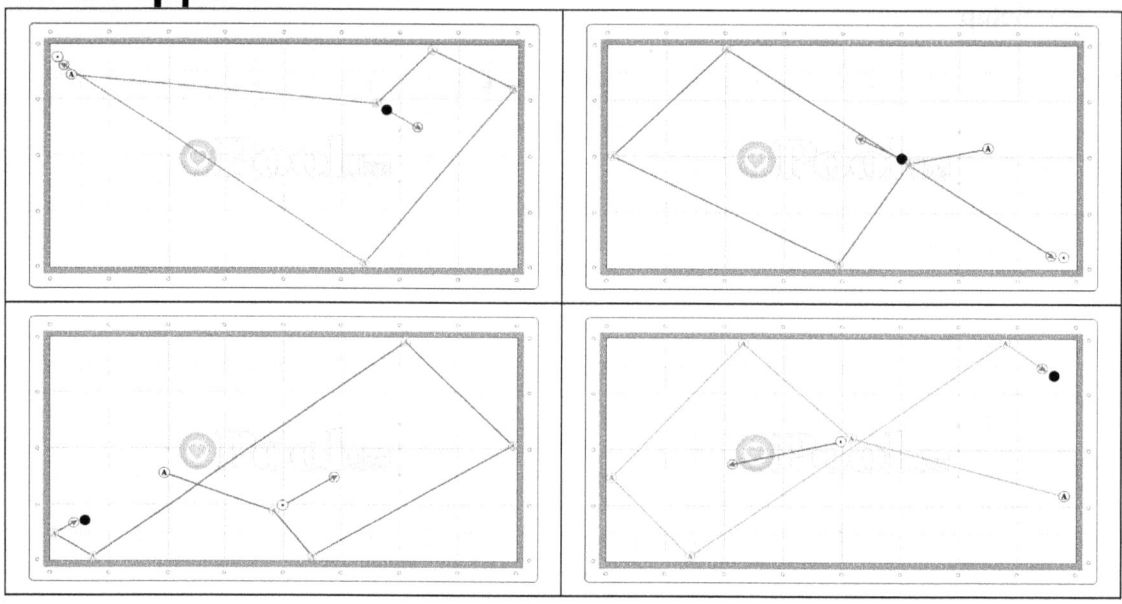

Analyse:

D:4a. _____

D:4b. _____

D:4c. _____

D:4d. _____

D:4a – Setup

Noter og ideer:

Afspilning mønster

D:4b – Setup

Noter og ideer:

Afspilning mønster

D:4c – Setup

Noter og ideer:

Afspilning mønster

D:4d – Setup

Noter og ideer:

Afspilning mønster

D: Gruppe 5

Analyse:

D:5a. _____

D:5b. _____

D:5c. _____

D:5d. _____

D:5a – Setup

Noter og ideer:

Afspilning mønster

D:5b – Setup

Noter og ideer:

Afspilning mønster

D:5c – Setup

Noter og ideer:

Afspilning mønster

D:5d – Setup

Noter og ideer:

Afspilning mønster

D: Gruppe 6

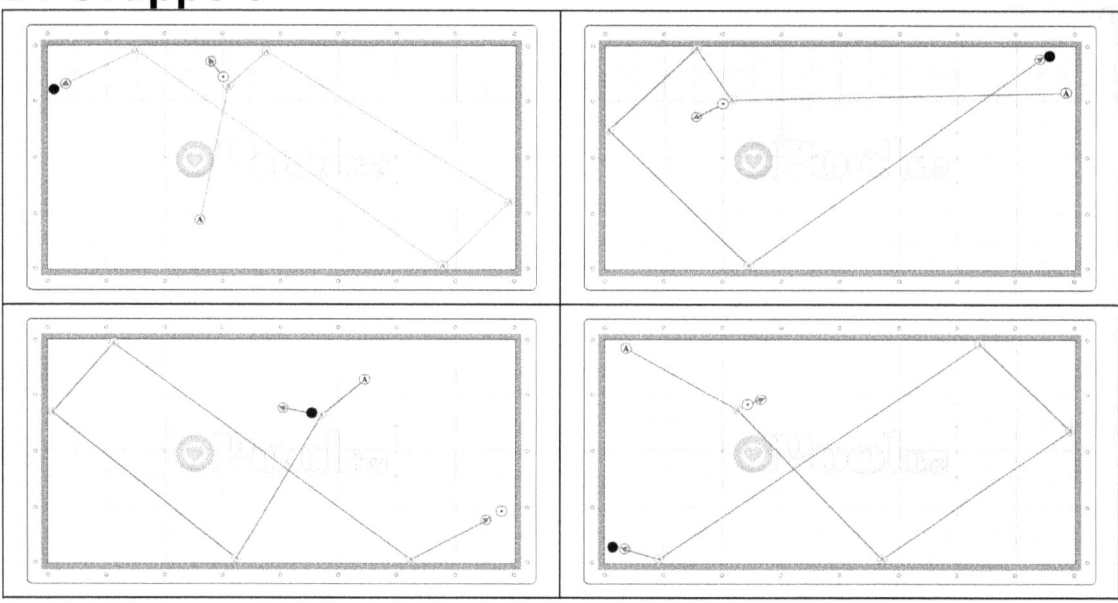

Analyse:

D:6a. _____

D:6b. _____

D:6c. _____

D:6d. _____

D:6a – Setup

Noter og ideer:

Afspilning mønster

D:6b – Setup

Noter og ideer:

Afspilning mønster

D:6c – Setup

Noter og ideer:

Afspilning mønster

D:6d – Setup

Noter og ideer:

Afspilning mønster

D: Gruppe 7

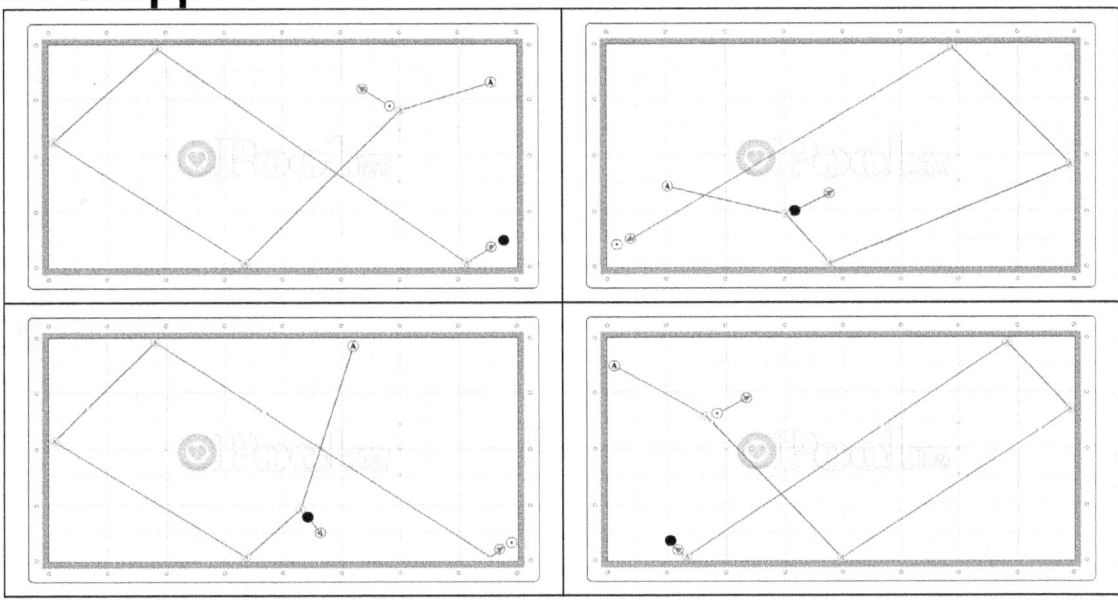

Analyse:

D:7a. _____

D:7b. _____

D:7c. _____

D:7d. _____

D:7a – Setup

Noter og ideer:

Afspilning mønster

D:7b – Setup

Noter og ideer:

Afspilning mønster

D:7c – Setup

Noter og ideer:

Afspilning mønster

D:7d – Setup

Noter og ideer:

Afspilning mønster

D: Gruppe 8

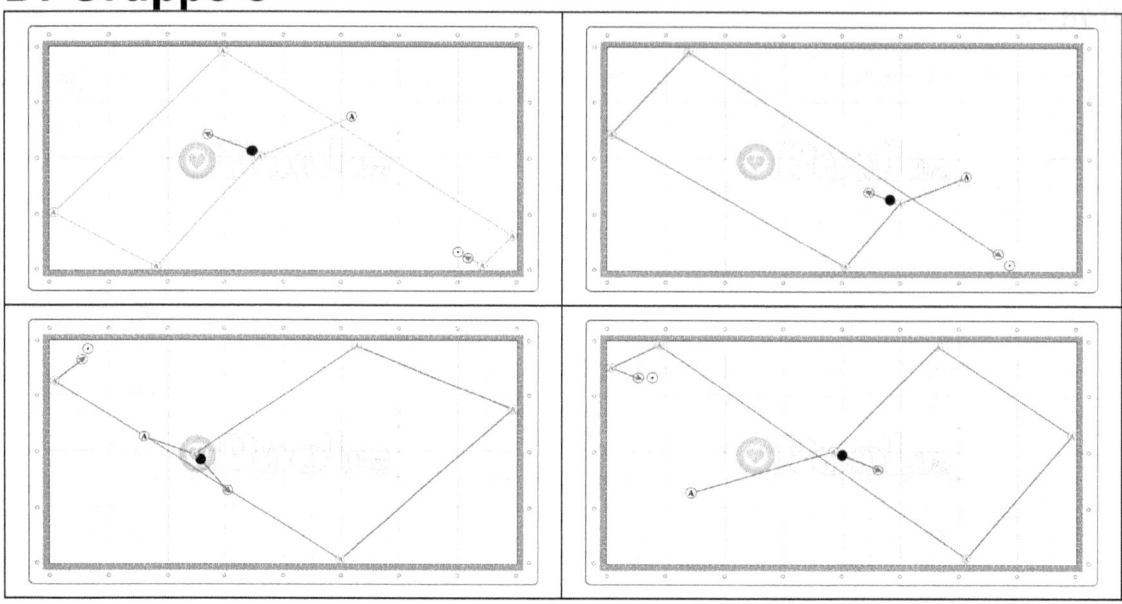

Analyse:

D:8a. _____

D:8b. _____

D:8c. _____

D:8d. _____

D:8a – Setup

Noter og ideer:

Afspilning mønster

D:8b – Setup

Noter og ideer:

Afspilning mønster

D:8c – Setup

Noter og ideer:

Afspilning mønster

D:8d – Setup

Noter og ideer:

Afspilning mønster

D: Gruppe 9

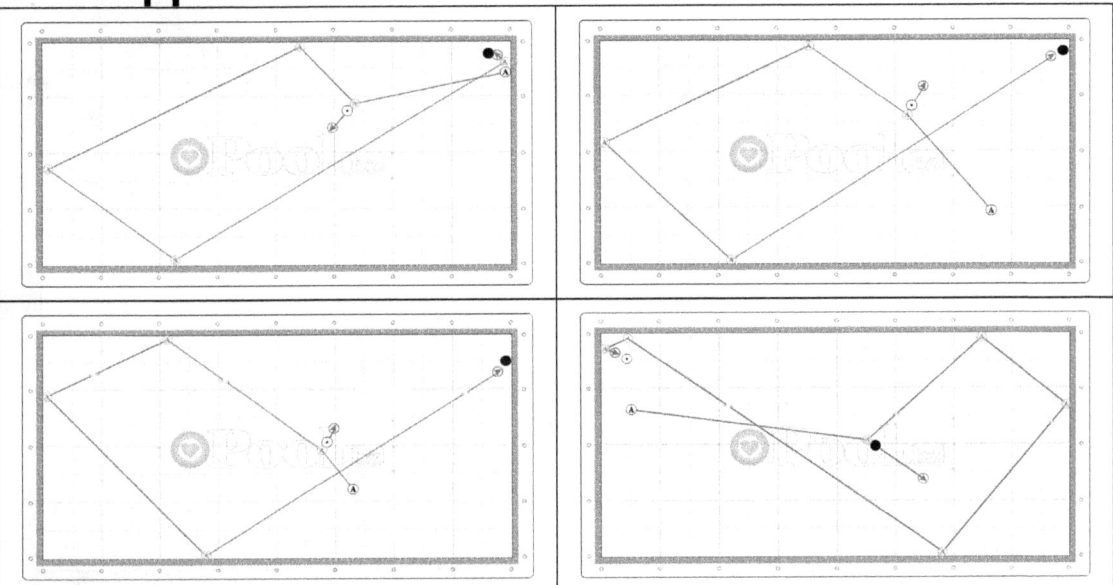

Analyse:

D:9a. _____

D:9b. _____

D:9c. _____

D:9d. _____

D:9a – Setup

Noter og ideer:

Afspilning mønster

D:9b – Setup

Noter og ideer:

Afspilning mønster

D:9c – Setup

Noter og ideer:

Afspilning mønster

D:9d – Setup

Noter og ideer:

Afspilning mønster

E: Følg ind i hjørnet

Den (CB) kommer ud af den første (OB) og ind i de næste tre bander, efter standarden omkring verdensmønsteret. Fordi den anden (OB) er på (CB) 's vej ind i hjemmebørnet, kan CB'en ramme den anden (OB).

Ⓐ (CB) (din billardkugle) – ⊙ (OB) (modstander billardkugle) – ● (OB) (rød billardkugle)

E: Gruppe 1

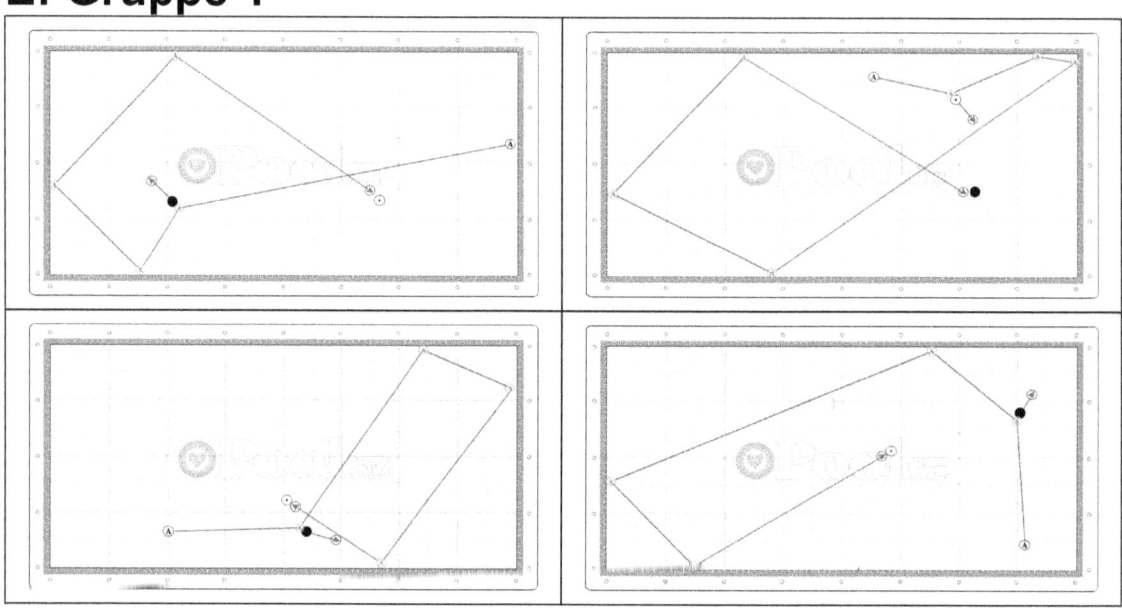

Analyse:

E:1a. _____

E:1b. _____

E:1c. _____

E:1d. _____

E:1a – Setup

Noter og ideer:

Afspilning mønster

E:1b – Setup

Noter og ideer:

Afspilning mønster

E:1c – Setup

Noter og ideer:

Afspilning mønster

E:1d – Setup

Noter og ideer:

Afspilning mønster

E: Gruppe 2

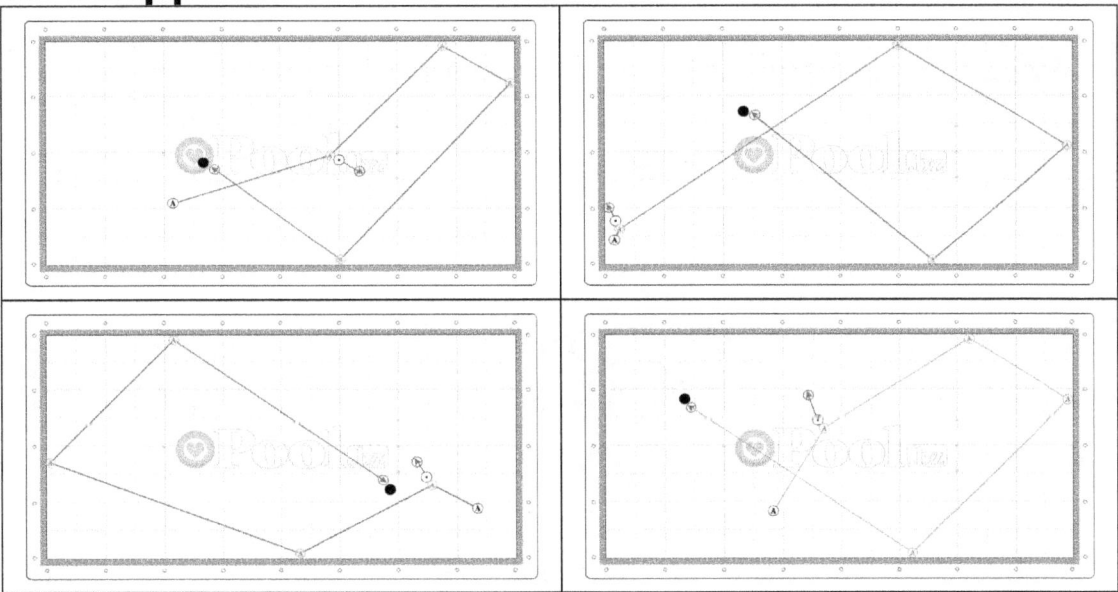

Analyse:

E:2a. _____

E:2b. _____

E:2c. _____

E:2d. _____

E:2a – Setup

Noter og ideer:

Afspilning mønster

3-bande carambole: Omkring verden mønstre

E:2b – Setup

Noter og ideer:

Afspilning mønster

E:2c – Setup

Noter og ideer:

Afspilning mønster

E:2d – Setup

Noter og ideer:

Afspilning mønster

E: Gruppe 3

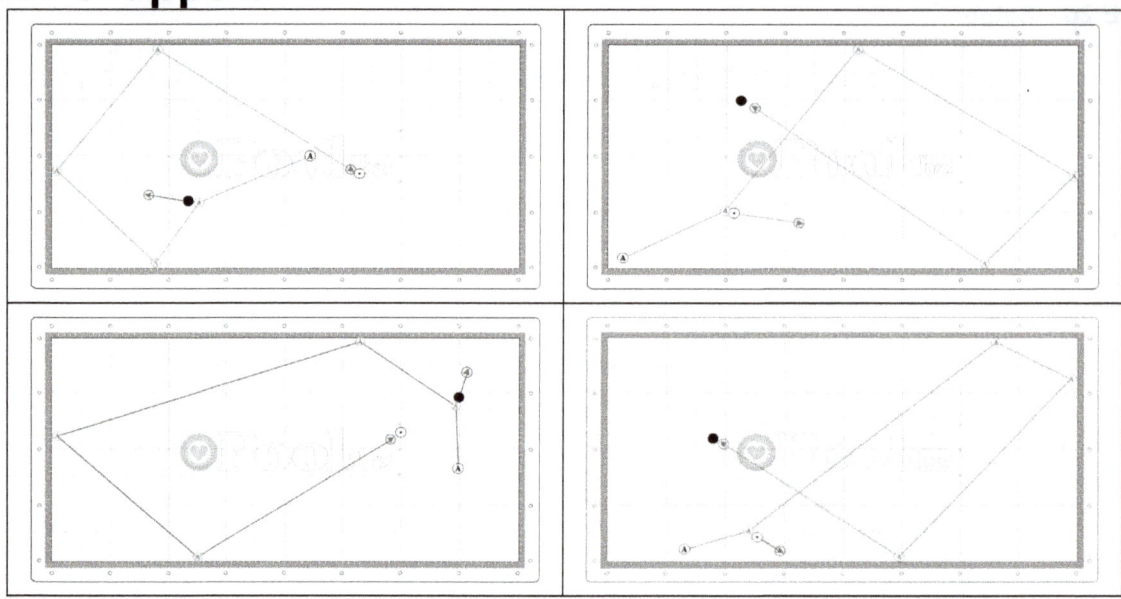

Analyse:

E:3a. _____

E:3b. _____

E:3c. _____

E:3d. _____

E:3a – Setup

Noter og ideer:

Afspilning mønster

E:3b – Setup

Noter og ideer:

Afspilning mønster

E:3c – Setup

Noter og ideer:

Afspilning mønster

E:3d – Setup

Noter og ideer:

Afspilning mønster

F: Kort modificeret

Den (CB) går ind i den første (OB) og følger standarden omkring verdensmønsteret. Imidlertid ændres mønsteret, fordi det andet (OB) ikke er på den normale vej ind i hjemmekornet. Dette betyder, at vinklerne skal justeres for at opnå et hit på den anden (OB).

Ⓐ (CB) (din billardkugle) – ⊙ (OB) (modstander billardkugle) – ● (OB) (rød billardkugle)

F: Gruppe 1

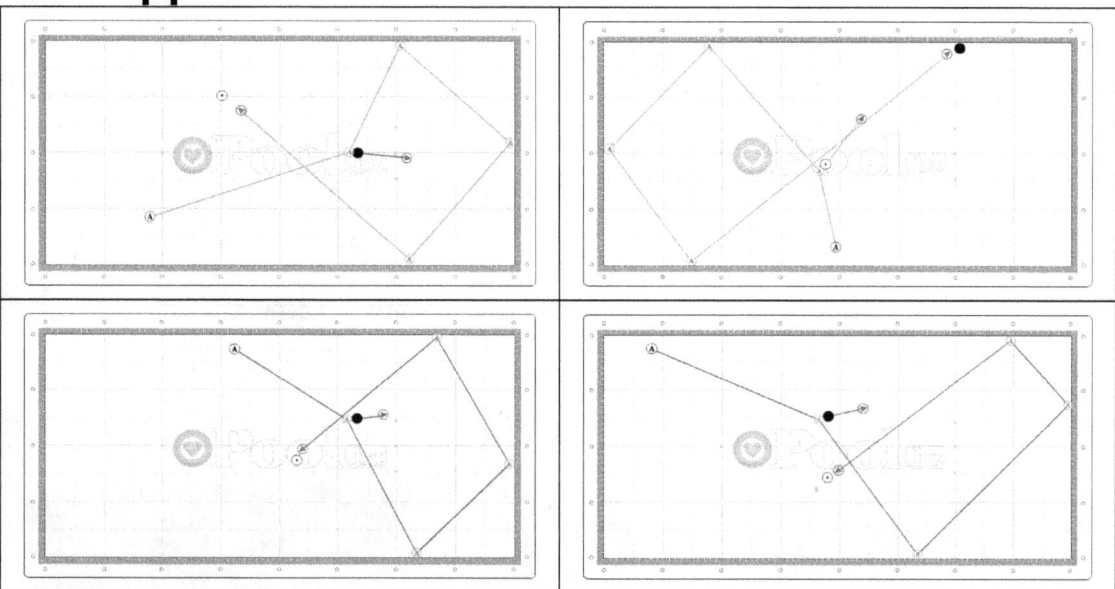

Analyse:

F:1a. _____

F:1b. _____

F:1c. _____

F:1d. _____

F:1a – Setup

Noter og ideer:

Afspilning mønster

F:1b – Setup

Noter og ideer:

Afspilning mønster

F:1c – Setup

Noter og ideer:

Afspilning mønster

F:1d – Setup

Noter og ideer:

Afspilning mønster

F: Gruppe 2

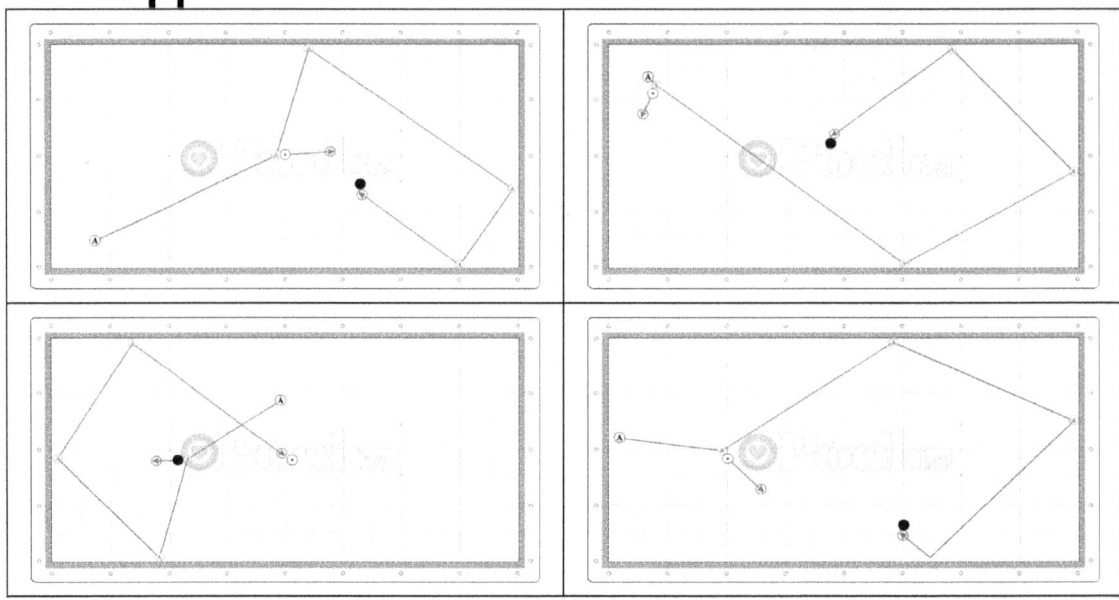

Analyse:

F:2a. _____

F:2b. _____

F:2c. _____

F:2d. _____

F:2a – Setup

Noter og ideer:

Afspilning mønster

F:2b – Setup

Noter og ideer:

Afspilning mønster

F:2c – Setup

Noter og ideer:

Afspilning mønster

F:2d – Setup

Noter og ideer:

Afspilning mønster